Asha Sohal

Domínio Interligado: Navegar na Paisagem da Rede de Comunicação

AF569106

Asha Sohal

Domínio Interligado: Navegar na Paisagem da Rede de Comunicação

ScienciaScripts

Imprint
Any brand names and product names mentioned in this book are subject to trademark, brand or patent protection and are trademarks or registered trademarks of their respective holders. The use of brand names, product names, common names, trade names, product descriptions etc. even without a particular marking in this work is in no way to be construed to mean that such names may be regarded as unrestricted in respect of trademark and brand protection legislation and could thus be used by anyone.

Cover image: www.ingimage.com

This book is a translation from the original published under ISBN 978-620-7-64997-6.

Publisher:
Sciencia Scripts
is a trademark of
Dodo Books Indian Ocean Ltd. and OmniScriptum S.R.L publishing group

120 High Road, East Finchley, London, N2 9ED, United Kingdom
Str. Armeneasca 28/1, office 1, Chisinau MD-2012, Republic of Moldova, Europe
Printed at: see last page
ISBN: 978-620-7-91561-3

Copyright © Asha Sohal
Copyright © 2024 Dodo Books Indian Ocean Ltd. and OmniScriptum S.R.L publishing group

Índice

Prefácio

No atual panorama digital em rápida evolução, as redes de comunicação são a pedra angular do nosso mundo interligado. Desde os primórdios da telegrafia até ao surgimento da infraestrutura global da Internet, estas redes têm evoluído continuamente para moldar a forma como comunicamos, colaboramos e interagimos com o mundo que nos rodeia.

Este livro, "Interconnected Realms: Navigating the Landscape of Communication Networks", embarca numa viagem para explorar a intrincada teia das redes de comunicação. Quer seja um estudante ansioso por aprofundar os fundamentos, um profissional à procura de conhecimentos sobre os últimos avanços ou um entusiasta curioso sobre as futuras direcções da tecnologia de redes, este livro tem como objetivo proporcionar uma compreensão abrangente das redes de comunicação em toda a sua complexidade.

Ao longo destas páginas, vamos desvendar os fundamentos históricos das redes de comunicação, examinar os princípios fundamentais subjacentes à sua arquitetura e explorar as tecnologias que impulsionam a sua evolução. Desde as redes com fios às redes sem fios, da Internet às inovações emergentes, como a computação em nuvem e a Internet das Coisas (IoT), cada capítulo analisa os principais conceitos, tecnologias e aplicações do mundo real.

Além disso, este livro não se coíbe de abordar os desafios e as oportunidades que se avizinham. Ao navegarmos pelo futuro das redes, exploraremos as tendências emergentes, como a computação de ponta, a comunicação quântica e as redes sustentáveis, imaginando um mundo em que as redes de comunicação continuam a remodelar as nossas vidas, ao mesmo tempo que procuram uma maior eficiência, segurança e sustentabilidade.

Quer esteja a embarcar numa viagem de descoberta ou a procurar conhecimentos práticos para navegar nas complexidades das redes de comunicação modernas, convido-o a juntar-se a mim na exploração dos domínios interligados que definem a nossa era digital.

1. Introdução às redes de comunicação

Compreender as redes de comunicação:

As redes de comunicação funcionam como a infraestrutura que permite a troca de informações entre dispositivos, sistemas e indivíduos a grandes distâncias. No seu núcleo, as redes de comunicação consistem em nós interligados que facilitam a transmissão e receção de dados através de vários meios, como ligações com ou sem fios. Estas redes podem variar desde redes locais (LAN) num único edifício até redes de área alargada (WAN) que abrangem continentes.

A compreensão das redes de comunicação implica a compreensão dos conceitos fundamentais que regem o seu funcionamento, incluindo a transmissão de dados, os protocolos de rede e as arquitecturas de rede. Requer conhecimentos sobre a forma como os dados são codificados, transmitidos e descodificados em diferentes tipos de redes, bem como uma compreensão das tecnologias e protocolos que permitem uma comunicação sem descontinuidades entre diversos dispositivos e sistemas.

Panorama histórico:

A história das redes de comunicação é um conto sobre o engenho humano e o avanço tecnológico. Traça a evolução da comunicação desde as antigas formas de sinalização a longa distância, como os sinais de fumo e os pombos-correio, até às sofisticadas redes digitais que definem a nossa era moderna.

Os principais marcos no desenvolvimento histórico das redes de comunicação incluem a invenção do telégrafo no século XIX, que revolucionou a comunicação a longa distância ao permitir a transmissão de sinais eléctricos através de fios. Seguiu-se o advento do telefone, da rádio e da televisão, que expandiram o alcance e as capacidades das redes de comunicação por direito próprio.

Na segunda metade do século XX, a ascensão das tecnologias de computação e o nascimento da Internet deram início a uma nova era de interligação. O desenvolvimento de redes de comutação de pacotes, como a ARPANET, lançou as bases para a Internet moderna, transformando a comunicação numa rede descentralizada e global de redes.

Importância e impacto:

A importância das redes de comunicação na sociedade contemporânea não pode ser subestimada. Estas redes constituem a espinha dorsal da civilização moderna, estando na base de praticamente todos os aspectos da vida humana, desde o comércio e a educação até aos cuidados de saúde e ao entretenimento.

No domínio dos negócios, as redes de comunicação facilitam o comércio global, permitindo uma comunicação e colaboração perfeitas entre equipas e organizações geograficamente dispersas. Apoiam as plataformas de comércio eletrónico, a banca em linha e as cadeias de abastecimento digitais, impulsionando o crescimento económico e a inovação à escala global.

No domínio da educação, as redes de comunicação revolucionaram a aprendizagem e a disseminação do conhecimento, proporcionando o acesso a vastos repositórios de informação e recursos educativos. Permitem programas de ensino à distância, cursos em linha e iniciativas de investigação em colaboração, derrubando barreiras à educação e capacitando os alunos em todo o mundo.

Nos cuidados de saúde, as redes de comunicação desempenham um papel crucial na telemedicina, na monitorização remota dos doentes e no intercâmbio de registos de saúde electrónicos. Facilitam a comunicação em tempo real entre os prestadores de cuidados de saúde e os doentes, melhorando o acesso aos serviços médicos e melhorando os resultados para os doentes.

No domínio do entretenimento e da interação social, as redes de comunicação permitem a comunicação instantânea e a partilha de meios de comunicação a grandes distâncias. Estas redes alimentam plataformas de redes sociais, comunidades de jogos em linha e serviços de streaming, ligando pessoas de origens e culturas diversas e promovendo comunidades globais.

Globalmente, o impacto das redes de comunicação na sociedade é profundo e de grande alcance, moldando a forma como trabalhamos, aprendemos, comunicamos e interagimos com o mundo que nos rodeia. À medida que estas redes continuam a evoluir e a expandir-se, a sua importância para facilitar a conetividade e a colaboração a nível mundial só irá aumentar nos próximos anos.

2. Fundamentos da arquitetura de rede

Topologias de rede Protocolos e normas Camadas de rede

Topologias de rede:

As topologias de rede referem-se à disposição física ou lógica dos dispositivos interligados numa rede de comunicações. Compreender as topologias de rede é essencial para conceber, implementar e resolver problemas de redes de forma eficaz. Aqui estão algumas topologias de rede comuns:

1. **Topologia em estrela:** Numa topologia em estrela, todos os dispositivos estão ligados a um hub ou switch central. Este hub central actua como um mediador, facilitando a comunicação entre dispositivos. As topologias em estrela são fáceis de configurar, escaláveis e fornecem gerenciamento centralizado. No entanto, elas dependem do hub central e, se ele falhar, toda a rede pode ser afetada.

2. **Topologia de barramento:** Numa topologia de barramento, todos os dispositivos estão ligados a uma única linha de comunicação, designada por barramento. Cada dispositivo tem um endereço único e os dados viajam ao longo do barramento até chegarem ao destinatário pretendido. As topologias de barramento são simples e baratas, mas podem sofrer colisões de dados e escalabilidade limitada.

3. **Topologia em anel:** Numa topologia em anel, os dispositivos estão ligados num circuito fechado, em que cada dispositivo está ligado a exatamente dois outros dispositivos, formando um anel. Os dados percorrem o anel numa única direção até chegarem ao dispositivo de destino. As topologias em anel são fiáveis e oferecem acesso igual a todos os dispositivos, mas a sua implementação pode ser dispendiosa e a rede pode ser perturbada se um único dispositivo falhar.

4. **Topologia em malha:** Numa topologia em malha, cada dispositivo está ligado a todos os outros dispositivos da rede, formando uma malha totalmente interligada. As topologias em malha oferecem redundância e tolerância a falhas, pois os dados podem seguir vários caminhos para chegar ao seu destino. No entanto, podem ser complexas de gerir e requerem uma quantidade significativa de cablagem.

5. **Topologia híbrida:** Uma topologia híbrida é uma combinação de duas ou mais topologias básicas, como uma combinação de topologias em estrela e em barramento

ou uma combinação de topologias em anel e em malha. As topologias híbridas oferecem flexibilidade e podem ser adaptadas para atender a requisitos específicos da rede.

A compreensão das topologias de rede ajuda os administradores de rede a determinar a disposição mais adequada para a sua rede com base em factores como a escalabilidade, a tolerância a falhas, o custo e o desempenho.

Protocolos e normas:

Os protocolos e as normas são componentes essenciais das redes de comunicação que regem a forma como os dados são transmitidos, recebidos e processados entre dispositivos. Eis alguns dos principais protocolos e normas normalmente utilizados nas redes de comunicação:

1. **Protocolo de Controlo de Transmissão/Protocolo de Internet (TCP/IP):** O TCP/IP é o conjunto de protocolos de base da Internet, constituído por dois protocolos principais: TCP, que assegura a entrega fiável de dados, e IP, que fornece funcionalidades de endereçamento e encaminhamento.

2. **Ethernet:** A Ethernet é uma tecnologia de rede amplamente utilizada que define normas para a transmissão de dados através de LANs com fios. Inclui protocolos para enquadramento, endereçamento e deteção de colisão, tais como Ethernet II e IEEE 802.3.

3. **Wi-Fi (IEEE 802.11):** O Wi-Fi é um conjunto de normas para LANs sem fios, permitindo que os dispositivos se liguem a uma rede sem cabos físicos. As normas Wi-Fi definem protocolos para o controlo de acesso aos meios (MAC) e especificações da camada física para a comunicação sem fios.

4. **Sistema de nomes de domínio (DNS):** O DNS é um sistema de nomes hierárquico que traduz nomes de domínio (por exemplo, www.example.com) em endereços IP (por exemplo, 192.0.2.1), permitindo que os utilizadores acedam a sítios Web utilizando nomes legíveis por humanos.

5. **Protocolo de transferência de correio eletrónico simples (SMTP):** O SMTP é um protocolo para o envio de mensagens de correio eletrónico entre servidores. Define regras para a formatação de mensagens, entrega e tratamento de erros na comunicação por correio eletrónico.

6. **Protocolo de transferência de hipertexto (HTTP):** O HTTP é um protocolo para a transferência de documentos de hipertexto na World Wide Web. Define regras para a comunicação cliente-servidor, permitindo que os navegadores Web solicitem e recebam páginas Web dos servidores Web.

Estes protocolos e normas asseguram a interoperabilidade e a compatibilidade entre diferentes dispositivos e sistemas numa rede, permitindo uma comunicação e um intercâmbio de dados sem descontinuidades.

Camadas de rede:

Os níveis de rede referem-se à organização hierárquica dos protocolos de comunicação em grupos lógicos, cada um responsável por funções específicas na transmissão e receção de dados. O modelo de camadas de rede mais comummente referido é o modelo OSI (Open Systems Interconnection), que consiste em sete camadas:

1. **Camada física:** A camada física é responsável pela transmissão de bits de dados brutos através de um meio físico, como fios de cobre, cabos de fibra ótica ou sinais sem fios. Define características como níveis de tensão, taxas de dados e técnicas de modulação.

2. **Camada de ligação de dados:** A camada de ligação de dados fornece mecanismos de deteção e correção de erros para garantir uma transmissão de dados fiável entre nós adjacentes numa rede. Também trata do enquadramento, endereçamento e controlo do fluxo.

3. **Camada de rede:** A camada de rede é responsável pelo encaminhamento dos pacotes da origem para o destino através de várias redes. Determina o caminho ótimo para a transmissão de dados, com base na topologia da rede, no endereçamento e nos algoritmos de encaminhamento.

4. **Camada de transporte:** A camada de transporte assegura a comunicação de extremo a extremo entre anfitriões, fornecendo comunicação fiável e orientada para a ligação (por exemplo, TCP) ou comunicação não fiável e sem ligação (por exemplo, UDP). Também trata da segmentação, remontagem e controlo do fluxo.

5. **Camada de sessão:** A camada de sessão estabelece, mantém e termina sessões de comunicação entre aplicações. Ela gerencia a sincronização da sessão, o checkpointing e os mecanismos de recuperação.

6. **Camada de apresentação:** A camada de apresentação é responsável pela representação e tradução de dados, garantindo que os dados trocados entre aplicações estão num formato que pode ser compreendido por ambas as partes. Trata de tarefas como a encriptação de dados, a compressão e a conversão de formatos.

7. **Camada de aplicação:** A camada de aplicação fornece serviços de rede diretamente aos utilizadores finais ou aplicações, como correio eletrónico, transferência de ficheiros e navegação na Web. Inclui protocolos como HTTP, FTP, SMTP e DNS, que permitem a comunicação entre aplicações em rede.

A compreensão dos níveis de rede ajuda a resolver problemas de rede, a conceber protocolos de rede e a garantir a compatibilidade entre diferentes dispositivos e sistemas de rede.

3. Redes de comunicação com fios

Redes Ethernet:

As redes Ethernet são uma das tecnologias mais utilizadas para redes de área local (LANs) e são normalmente utilizadas em ambientes residenciais e comerciais. Aqui está uma visão detalhada das redes Ethernet:

1. **Visão geral da tecnologia:** As redes Ethernet utilizam um protocolo denominado Ethernet, que define as regras para a transmissão de pacotes de dados através de uma LAN. A Ethernet funciona no nível de ligação de dados (Nível 2) do modelo OSI e baseia-se na norma IEEE 802.3.

2. **Meios físicos:** As redes Ethernet podem ser implementadas utilizando vários meios físicos, incluindo cabos de cobre de par entrançado, cabos coaxiais e cabos de fibra ótica. Os cabos de par entrançado, como o Cat5e ou o Cat6, são normalmente utilizados para ligações Ethernet em casas e escritórios, enquanto os cabos de fibra ótica são preferidos para ligações de longa distância e de alta velocidade.

3. **Topologia:** As redes Ethernet normalmente usam uma topologia em estrela, em que os dispositivos são conectados a um switch ou hub de rede central. Esta arquitetura centralizada permite uma fácil escalabilidade e simplifica a gestão da rede.

4. **Formato do quadro:** Os dados Ethernet são transmitidos em quadros, cada um contendo um cabeçalho, uma carga útil e um trailer. O cabeçalho do quadro Ethernet inclui os endereços MAC de origem e destino, enquanto a carga útil contém os dados reais. O trailer contém informações de verificação de erros, como uma verificação de redundância cíclica (CRC), para garantir a integridade dos dados.

5. **Transmissão de dados:** As redes Ethernet utilizam um método de acesso baseado na contenção, em que os dispositivos da rede competem pelo acesso ao meio de comunicação partilhado. Isso pode levar a colisões se vários dispositivos tentarem transmitir dados simultaneamente. Para atenuar as colisões, a Ethernet utiliza um algoritmo de acesso múltiplo com deteção de colisões (CSMA/CD).

6. **Velocidade e normas:** As redes Ethernet suportam várias velocidades de transferência de dados, desde 10 Mbps (Ethernet) a 100 Mbps (Fast Ethernet), 1 Gbps

(Gigabit Ethernet) e mais. A norma IEEE 802.3 define especificações para diferentes velocidades Ethernet e tipos de meios físicos.

7. **Aplicações:** As redes Ethernet são utilizadas para uma vasta gama de aplicações, incluindo acesso à Internet, partilha de ficheiros, partilha de impressoras, transmissão de vídeo e telefonia VoIP (Voice over Internet Protocol). Proporcionam uma conetividade fiável e económica para redes domésticas e empresariais.

Redes de fibra ótica:

As redes de fibra ótica utilizam fibras ópticas para transmitir sinais de dados através de impulsos de luz. Eis uma descrição pormenorizada das redes de fibra ótica:

1. **Visão geral da tecnologia:** As redes de fibra ótica baseiam-se em fibras ópticas, que são fios finos e flexíveis de vidro ou plástico que podem transmitir sinais de luz a longas distâncias com uma perda mínima de sinal. A comunicação por fibra ótica opera na camada física (Camada 1) do modelo OSI.

2. **Tipos de cabos de fibra ótica:** Os cabos de fibra ótica existem em dois tipos principais: monomodo e multimodo. As fibras monomodo são concebidas para a transmissão a longa distância e utilizam uma única via (modo) para a propagação da luz. As fibras multimodo são utilizadas para distâncias mais curtas e suportam várias vias para a propagação da luz.

3. **Fontes de luz e detectores:** As redes de fibra ótica utilizam díodos emissores de luz (LEDs) ou díodos laser como fontes de luz para gerar sinais de luz para transmissão. Na extremidade recetora, são utilizados fotodíodos ou fotodetectores para converter os sinais de luz em sinais eléctricos.

4. **Modos de transmissão:** As redes de fibra ótica suportam vários modos de transmissão, incluindo configurações ponto-a-ponto, ponto-a-multiponto e em malha. Podem também utilizar diferentes técnicas de modulação, como a modulação de amplitude (AM) ou a modulação de frequência (FM), para codificar dados em sinais de luz.

5. **Vantagens:** As redes de fibra ótica oferecem várias vantagens em relação às redes tradicionais baseadas em cobre, incluindo uma maior largura de banda, distâncias de

transmissão mais longas, imunidade às interferências electromagnéticas (EMI) e maior segurança (devido à dificuldade de penetrar nos sinais ópticos).

6. **Aplicações:** As redes de fibra ótica são utilizadas em telecomunicações, infra-estruturas de base da Internet, redes de televisão por cabo (CATV), centros de dados e redes empresariais. Estão também a ser cada vez mais utilizadas em áreas residenciais para fornecer acesso à Internet de alta velocidade e serviços de televisão digital.

7. **Considerações sobre a implantação:** A implantação de redes de fibra ótica envolve considerações como custos de instalação, compatibilidade de equipamentos, requisitos de manutenção e escalabilidade. Embora a tecnologia de fibra ótica ofereça vantagens significativas, ela também requer equipamentos especializados e conhecimento para instalação e manutenção.

Redes por cabo:

As redes por cabo, também conhecidas como redes de cabo coaxial, utilizam cabos coaxiais para transmitir sinais de dados. Eis uma descrição pormenorizada das redes por cabo:

1. **Visão geral da tecnologia:** As redes por cabo utilizam cabos coaxiais, que consistem num condutor central rodeado de isolamento, uma blindagem metálica e uma camada isolante exterior. Os cabos coaxiais são normalmente utilizados para transmitir sinais de televisão, acesso à Internet e comunicações de voz.

2. **Acesso à Internet de banda larga:** As redes por cabo são amplamente utilizadas para o acesso à Internet de banda larga, fornecendo conetividade de alta velocidade à Internet a clientes residenciais e comerciais. Os fornecedores de serviços Internet por cabo (ISP) utilizam a tecnologia do modem por cabo para fornecer acesso à Internet através da infraestrutura de televisão por cabo existente.

3. **Redes Híbridas Fibra-Coaxial (HFC):** Muitas redes por cabo baseiam-se numa arquitetura híbrida fibra-coaxial (HFC), em que os cabos de fibra ótica são utilizados para a rede de base e os cabos coaxiais são utilizados para as ligações de última milha às instalações dos clientes. Esta abordagem híbrida permite a transmissão de dados a alta velocidade em longas distâncias, tirando partido da infraestrutura de cabos coaxiais existente.

4. **Redes de televisão por cabo (CATV):** As redes de cabo tiveram origem em redes de televisão por cabo (CATV), que fornecem sinais de televisão aos assinantes através de cabos coaxiais. As redes CATV utilizam uma arquitetura de difusão, em que vários canais são transmitidos simultaneamente através da mesma rede de cabo e os assinantes recebem os sinais através de um descodificador de televisão por cabo.

5. **Transmissão de dados:** Nas redes por cabo, os sinais de dados são transmitidos através de técnicas de modulação por radiofrequência (RF) através dos cabos coaxiais. Os modems de cabo nas instalações do assinante convertem os sinais de dados digitais em sinais RF para transmissão através da rede de cabo e vice-versa.

6. **Largura de banda e desempenho:** As redes por cabo oferecem uma maior largura de banda em comparação com as linhas telefónicas de cobre tradicionais, permitindo velocidades de transmissão de dados mais rápidas. No entanto, o desempenho real das redes por cabo pode variar em função de factores como o congestionamento da rede, a interferência do sinal e a distância da cabeceira do cabo.

7. **Desafios da implantação:** A implantação de redes por cabo implica desafios como a modernização da infraestrutura existente, a garantia da qualidade e fiabilidade do sinal e o cumprimento dos requisitos regulamentares. Os ISP por cabo devem também abordar questões como a segurança da rede, a proteção da privacidade e a qualidade do serviço ao cliente para manter a satisfação dos assinantes.

Em geral, as redes Ethernet, as redes de fibra ótica e as redes por cabo oferecem vantagens e aplicações únicas, satisfazendo diversas necessidades e requisitos de comunicação, tanto em ambientes residenciais como comerciais.

4. Redes de comunicação sem fios

Redes celulares:

As redes celulares, também conhecidas como redes móveis, são redes de comunicação sem fios que fornecem serviços de voz, dados e multimédia a dispositivos móveis em grandes áreas geográficas. Eis uma descrição pormenorizada das redes celulares:

1. **Descrição geral da tecnologia:** As redes celulares utilizam uma rede de estações de base interligadas, ou torres de celular, para fornecer cobertura numa vasta área geográfica. Os dispositivos móveis comunicam com a torre de telemóveis mais próxima utilizando sinais de radiofrequência (RF).

2. **Arquitetura celular:** As redes celulares são divididas em células, sendo cada célula servida por uma estação de base. As células são agrupadas em clusters e as células vizinhas funcionam em frequências diferentes para evitar interferências. Esta arquitetura celular permite uma utilização eficiente do espetro radioelétrico e suporta transferências contínuas à medida que os dispositivos móveis se deslocam entre células.

3. **Gerações de tecnologia celular:** As redes celulares evoluíram através de várias gerações, com cada geração a introduzir melhorias nas velocidades, capacidade e eficiência dos dados. As principais gerações da tecnologia celular incluem 1G (voz analógica), 2G (voz digital e SMS), 3G (dados de alta velocidade), 4G LTE (evolução a longo prazo) e 5G (dados ultra-rápidos, baixa latência e conetividade maciça).

4. **Tecnologias de acesso via rádio:** As redes celulares utilizam várias tecnologias de acesso via rádio, como GSM (Global System for Mobile Communications), CDMA (Code Division Multiple Access) e LTE (Long-Term Evolution), para transmitir dados entre dispositivos móveis e estações de base. Estas tecnologias utilizam diferentes técnicas de modulação e multiplexagem para otimizar a eficiência espetral e suportar a transmissão de dados a alta velocidade.

5. **Rede de base:** A rede de base de uma rede celular inclui componentes como os centros de comutação móvel (MSC), os registos de localização doméstica (HLR) e as gateways de serviço (SGW). Estes componentes gerem o encaminhamento de

chamadas, a autenticação do assinante e o encaminhamento de pacotes de dados entre a rede celular e as redes externas, como a Internet.

6. **Serviços e aplicações:** As redes celulares suportam uma vasta gama de serviços e aplicações, incluindo chamadas de voz, mensagens de texto (SMS), mensagens multimédia (MMS), navegação na Internet, streaming de vídeo, jogos móveis e serviços baseados na localização. Estes serviços são fornecidos através da infraestrutura da rede celular utilizando vários protocolos e normas de comunicação.

7. **Considerações sobre a implantação:** A implementação de redes celulares envolve considerações como a seleção do local para as estações de base, o planeamento de radiofrequências, a atribuição de espetro e a conformidade regulamentar. Os operadores de telemóveis também têm de investir na otimização da rede e no planeamento da capacidade para garantir a qualidade do serviço (QoS) e satisfazer a procura crescente de serviços de dados móveis.

Redes Wi-Fi:

As redes Wi-Fi, baseadas nas normas IEEE 802.11, fornecem conetividade sem fios a dispositivos numa área local, como casas, escritórios e espaços públicos. Eis uma visão geral pormenorizada das redes Wi-Fi:

1. **Descrição geral da tecnologia:** As redes Wi-Fi utilizam ondas de rádio para transmitir dados entre dispositivos, como smartphones, computadores portáteis e dispositivos domésticos inteligentes, e pontos de acesso sem fios (APs). O Wi-Fi funciona em bandas de frequência não licenciadas, como 2,4 GHz e 5 GHz, e suporta velocidades de transmissão de dados que variam entre alguns Mbps e vários Gbps.

2. **Pontos de acesso sem fios:** Os pontos de acesso sem fios são dispositivos que fornecem conetividade sem fios a dispositivos compatíveis com Wi-Fi dentro da sua área de cobertura. Os APs estão normalmente ligados a uma infraestrutura de rede com fios, como cabos Ethernet ou de fibra ótica, e podem suportar vários clientes sem fios em simultâneo.

3. **Normas Wi-Fi:** A família de normas IEEE 802.11 define especificações para redes Wi-Fi, incluindo protocolos para controlo de acesso aos meios (MAC), modulação da camada física e segurança. As normas Wi-Fi comuns incluem 802.11a/b/g/n/ac/ax,

cada uma oferecendo diferentes taxas de dados, bandas de frequência e funcionalidades.

4. **Segurança da rede:** As redes Wi-Fi implementam medidas de segurança, como os protocolos de encriptação Wi-Fi Protected Access (WPA) e WPA2/WPA3, para proteger contra o acesso não autorizado e a interceção de dados. Podem ser configuradas funcionalidades de segurança adicionais, como a filtragem de endereços MAC, regras de firewall e segmentação de rede, para melhorar a segurança da rede.

5. **Alcance e cobertura:** O alcance e a cobertura das redes Wi-Fi dependem de factores como a potência de transmissão, a conceção da antena, as condições ambientais e a interferência de redes vizinhas. Os extensores de alcance Wi-Fi, as redes em malha e os pontos de acesso exteriores podem ser implementados para expandir a cobertura e melhorar a intensidade do sinal em ambientes grandes ou complexos.

6. **Aplicações:** As redes Wi-Fi suportam uma vasta gama de aplicações, incluindo o acesso à Internet, a partilha de ficheiros, a partilha de impressoras, o streaming de vídeo, a telefonia VoIP e a automatização doméstica inteligente. Os dispositivos com Wi-Fi, como smartphones, tablets, computadores portáteis, televisores inteligentes e dispositivos IoT, podem ligar-se a redes Wi-Fi para aceder a serviços online e comunicar entre si.

7. **Considerações sobre a implantação:** A implementação de redes Wi-Fi envolve considerações como a colocação de AP, a seleção de canais, a atenuação de interferências e o planeamento da capacidade da rede. Os levantamentos de locais Wi-Fi, a análise do espetro de RF e as ferramentas de monitorização do desempenho podem ajudar a otimizar a implementação da rede Wi-Fi e a garantir uma conetividade fiável para os utilizadores.

Comunicação por satélite:

Os sistemas de comunicação por satélite utilizam satélites artificiais na órbita geoestacionária ou na órbita terrestre baixa (LEO) para transmitir sinais de dados entre as estações terrestres e os terminais de satélite. Eis uma descrição pormenorizada das comunicações por satélite:

1. **Visão geral da tecnologia:** Os sistemas de comunicação por satélite utilizam sinais de radiofrequência (RF) para transmitir dados entre terminais terrestres, como antenas

parabólicas ou antenas, e satélites em órbita no espaço. Os satélites actuam como estações de retransmissão, recebendo sinais das estações terrestres, amplificando-os e retransmitindo-os a outras estações terrestres dentro da sua área de cobertura.

2. **Satélites Geoestacionários:** Os satélites geoestacionários orbitam a Terra a uma altitude de aproximadamente 36.000 quilómetros (22.000 milhas) acima do equador. Estes satélites permanecem fixos em relação à superfície da Terra, o que os torna ideais para aplicações de telecomunicações, radiodifusão e monitorização meteorológica. Os satélites geoestacionários fornecem uma cobertura contínua de uma área geográfica fixa, conhecida como a sua pegada.

3. **Satélites de órbita terrestre baixa (LEO):** Os satélites de órbita terrestre baixa (LEO) orbitam a Terra a altitudes que variam entre algumas centenas e alguns milhares de quilómetros acima da superfície. Satélites LEO

5. Internet e seus protocolos

Conjunto de protocolos TCP/IP:

O conjunto de protocolos TCP/IP (Transmission Control Protocol/Internet Protocol) é um conjunto de protocolos de rede utilizados para comunicação através da Internet e de redes locais (LANs). Aqui está uma visão geral detalhada do conjunto de protocolos TCP/IP:

1. **TCP (Protocolo de Controlo de Transmissão):** O TCP é um protocolo orientado para a ligação que proporciona uma entrega fiável, ordenada e verificada de pacotes de dados entre dispositivos numa rede. Estabelece um circuito virtual entre o emissor e o recetor, assegurando que os dados são entregues em sequência e retransmitindo pacotes perdidos ou corrompidos, conforme necessário.

2. **IP (Protocolo Internet):** O IP é o principal protocolo do conjunto TCP/IP e é responsável pelo endereçamento e encaminhamento de pacotes de dados através das redes. Atribui endereços IP únicos a dispositivos e utiliza algoritmos de encaminhamento para determinar o caminho ótimo para a transmissão de dados entre dispositivos de origem e destino. O IP funciona no nível de rede (nível 3) do modelo OSI.

3. **IPv4 (Protocolo Internet versão 4):** O IPv4 é a versão mais utilizada do Protocolo Internet e utiliza endereços de 32 bits para identificar dispositivos numa rede. No entanto, o espaço de endereçamento limitado do IPv4 (aproximadamente 4,3 mil milhões de endereços) levou à adoção do IPv6.

4. **IPv6 (Protocolo Internet versão 6):** O IPv6 é a versão mais recente do Protocolo Internet e utiliza endereços de 128 bits, proporcionando um espaço de endereçamento significativamente maior do que o IPv4. A adoção do IPv6 está a aumentar para acomodar o número crescente de dispositivos ligados à Internet e para suportar novas tecnologias, como a Internet das Coisas (IoT).

5. **UDP (Protocolo de datagrama do utilizador):** O UDP é um protocolo sem ligação que fornece um mecanismo leve para a transmissão de datagramas entre dispositivos. Ao contrário do TCP, o UDP não estabelece uma ligação antes de transmitir dados e não garante a entrega ou a sequenciação de pacotes. O UDP é frequentemente

utilizado para aplicações em tempo real, como o streaming de vídeo e os jogos em linha.

6. **ICMP (Internet Control Message Protocol):** O ICMP é um protocolo utilizado para enviar mensagens de erro e informações operacionais entre dispositivos numa rede. É normalmente utilizado para fins de diagnóstico, como o ping de um anfitrião remoto para testar a conetividade da rede ou para seguir o percurso de pacotes através de uma rede.

7. **ARP (Protocolo de resolução de endereços):** O ARP é um protocolo utilizado para mapear endereços IP para endereços MAC em redes locais. Quando um dispositivo precisa de comunicar com outro dispositivo na mesma rede, utiliza o ARP para descobrir o endereço MAC correspondente ao endereço IP do dispositivo de destino.

8. **DHCP (Protocolo de Configuração Dinâmica de Anfitrião):** O DHCP é um protocolo utilizado para atribuir automaticamente endereços IP e outros parâmetros de configuração de rede a dispositivos numa rede. Os servidores DHCP atribuem dinamicamente endereços IP a partir de um conjunto de endereços disponíveis e fornecem informações de configuração adicionais, como máscaras de sub-rede e endereços de gateway predefinidos, aos clientes.

O conjunto de protocolos TCP/IP constitui a base da comunicação moderna na Internet, permitindo que dispositivos e redes troquem dados de forma fiável e eficiente em diversos ambientes.

Sistema de Nomes de Domínio (DNS):

O Sistema de Nomes de Domínio (DNS) é um sistema de nomes hierárquico descentralizado utilizado para traduzir nomes de domínio (por exemplo, www.example.com) em endereços IP (por exemplo, 192.0.2.1) e vice-versa. Aqui está uma visão geral detalhada do Sistema de Nomes de Domínio:

1. **Hierarquia do DNS:** O DNS está organizado numa estrutura hierárquica que consiste em vários níveis, incluindo o nível de raiz, os domínios de topo (TLD), os domínios de segundo nível e os subdomínios. Cada nome de domínio é composto por etiquetas separadas por pontos, sendo que a etiqueta mais à direita representa o domínio de nível superior (por exemplo, .com, .org, .net).

2. **Processo de resolução de DNS:** Quando um utilizador introduz um nome de domínio num browser da Web ou noutra aplicação de rede, é iniciado o processo de resolução de DNS. O dispositivo cliente verifica primeiro a sua cache de DNS local para ver se o nome de domínio foi resolvido recentemente. Caso contrário, envia uma consulta DNS para um resolvedor DNS recursivo, como o fornecido pelo fornecedor de serviços Internet (ISP) do utilizador. O resolvedor consulta então recursivamente os servidores DNS a partir do nível de raiz, obtendo eventualmente o endereço IP associado ao nome de domínio.

3. **Registos DNS:** Os servidores DNS armazenam vários tipos de registos de recursos (RRs) que fornecem informações sobre nomes de domínio e respectivos endereços IP associados. Os tipos comuns de registos DNS incluem:

   - Registos A (Endereço): Mapeiam nomes de domínio para endereços IPv4.
   - Registos AAAA (Endereço IPv6): Mapear nomes de domínio para endereços IPv6.
   - Registos CNAME (Nome canónico): Fazem o alias de um nome de domínio para outro (por exemplo, www.example.com -> example.com).
   - Registos MX (Mail Exchange): Especificam os servidores de correio responsáveis pelo tratamento da entrega de correio eletrónico para um domínio.

4. **Zonas DNS:** As zonas DNS são unidades administrativas que definem os limites para a resolução e gestão de nomes de domínio. Cada zona corresponde a uma parte do espaço de nomes DNS e é gerida por um ou mais servidores DNS autoritativos. As zonas podem ser públicas (acessíveis à Internet) ou privadas (acessíveis apenas dentro da rede de uma organização).

5. **Segurança do DNS (DNSSEC):** As Extensões de Segurança do DNS (DNSSEC) são um conjunto de protocolos e mecanismos criptográficos concebidos para acrescentar segurança à infraestrutura do DNS. O DNSSEC fornece autenticação e verificação de integridade para dados DNS, ajudando a evitar falsificação de DNS, envenenamento de cache e outros tipos de ataques.

6. **DNS Anycast:** O DNS Anycast é uma técnica de encaminhamento que permite que vários servidores DNS anunciem o mesmo endereço IP a partir de diferentes localizações geográficas. Quando um cliente envia uma consulta DNS para um endereço IP anycast, a consulta é encaminhada para o servidor DNS mais próximo, melhorando os tempos de resposta e a resistência a falhas de rede.

O DNS desempenha um papel fundamental na comunicação na Internet, fornecendo um sistema de nomes legível por humanos para identificar recursos e traduzir nomes de domínio em endereços IP. É essencial para a navegação na Web, a entrega de correio eletrónico e outros serviços de rede.

Segurança na Internet:

A segurança da Internet engloba medidas e tecnologias concebidas para proteger redes, dispositivos e dados de várias ameaças e ataques informáticos. Eis uma visão geral pormenorizada da segurança da Internet:

1. **Cenário de ameaças:** A Internet alberga uma vasta gama de ciberameaças, incluindo malware (como vírus, worms e ransomware), ataques de phishing, ataques distribuídos de negação de serviço (DDoS), violações de dados e roubo de identidade. Os cibercriminosos exploram as vulnerabilidades do software, das redes e do comportamento humano para comprometer os sistemas e roubar informações sensíveis.

2. **Segurança da rede:** A segurança da rede centra-se na proteção da integridade, confidencialidade e disponibilidade dos dados transmitidos através de redes informáticas. As medidas comuns de segurança de rede incluem:

    - Firewalls: Filtrar e monitorizar o tráfego de rede de entrada e saída para impedir o acesso não autorizado e bloquear actividades maliciosas.

    - Sistemas de Deteção de Intrusão (IDS) e Sistemas de Prevenção de Intrusão (IPS): Monitorizam o tráfego de rede para detetar comportamentos suspeitos e bloqueiam ou atenuam automaticamente os ataques.

    - Redes Privadas Virtuais (VPNs): Encripta o tráfego de rede para proteger as comunicações em redes não confiáveis, como a Internet.

- Secure Socket Layer/Transport Layer Security (SSL/TLS): Encripta os dados transmitidos entre servidores Web e clientes para evitar escutas e adulterações.

3. **Segurança dos pontos terminais:** A segurança dos pontos terminais centra-se na proteção de dispositivos individuais, como computadores, smartphones e dispositivos IoT, contra ciberameaças. As medidas de segurança dos pontos finais incluem:

- Software Antivírus e Anti-Malware: Detetar e remover software malicioso dos dispositivos de terminais para evitar infecções e perda de dados.

- Gestão de patches: Manter o software e os sistemas operativos actualizados com as últimas correcções de segurança para resolver as vulnerabilidades conhecidas.

- Encriptação de dispositivos: Encripte os dados armazenados nos dispositivos de ponto final para proteger

6. Tecnologias de rede e inovações

Computação em nuvem:

A computação em nuvem refere-se à prestação de serviços de computação, incluindo servidores, armazenamento, bases de dados, redes, software e análises, através da Internet ("a nuvem"). Eis uma descrição pormenorizada da computação em nuvem:

1. **Modelos de serviço:** A computação em nuvem oferece três modelos de serviço principais:
   - Infraestrutura como um serviço (IaaS): Fornece recursos de computação virtualizados, como máquinas virtuais, armazenamento e infraestrutura de rede, a pedido através da Internet.
   - Plataforma como um serviço (PaaS): Oferece uma plataforma com ferramentas de desenvolvimento, middleware e ambientes de tempo de execução para criar, implementar e gerir aplicações sem a complexidade da gestão de infra-estruturas.
   - Software como um serviço (SaaS): Fornece aplicações de software através da Internet com base numa subscrição, eliminando a necessidade de os utilizadores instalarem, manterem e actualizarem o software localmente.
2. **Modelos de implantação:** A computação em nuvem oferece vários modelos de implantação:
   - Nuvem pública: Os serviços são fornecidos por fornecedores de serviços de nuvem de terceiros e disponibilizados ao público em geral através da Internet.
   - Nuvem privada: Os serviços são fornecidos e geridos dentro da infraestrutura interna ou dos centros de dados de uma organização, proporcionando um maior controlo e personalização.
   - Nuvem híbrida: Combina ambientes de nuvem pública e privada, permitindo que as organizações aproveitem a escalabilidade e a relação custo-benefício das nuvens públicas, mantendo dados confidenciais e cargas de trabalho críticas em nuvens privadas.

- Múltiplas nuvens: Envolve a utilização de vários fornecedores de serviços na nuvem para evitar a dependência do fornecedor, aumentar a redundância e otimizar os custos, seleccionando os melhores serviços de diferentes fornecedores.

3. **Benefícios da computação em nuvem:** A computação em nuvem oferece inúmeros benefícios, incluindo:

- Escalabilidade: Os recursos podem ser aumentados ou reduzidos dinamicamente para satisfazer as exigências variáveis, garantindo um desempenho ótimo e uma eficiência de custos.
- Flexibilidade: Os utilizadores podem aceder aos serviços em nuvem a partir de qualquer lugar com uma ligação à Internet utilizando uma variedade de dispositivos, permitindo o trabalho e a colaboração remotos.
- Poupança de custos: Os serviços em nuvem são normalmente facturados numa base de pagamento conforme o uso ou de subscrição, eliminando a necessidade de investimento de capital inicial em hardware e reduzindo os custos operacionais.
- Agilidade: As plataformas em nuvem oferecem uma rápida implementação de recursos e uma gestão automatizada, permitindo que as organizações inovem mais rapidamente e respondam rapidamente às mudanças do mercado.
- Fiabilidade: Os fornecedores de serviços em nuvem oferecem uma infraestrutura robusta com redundância incorporada, mecanismos de failover e capacidades de recuperação de desastres para garantir uma elevada disponibilidade e durabilidade dos dados.

4. **Desafios e considerações:** Apesar de seus muitos benefícios, a computação em nuvem também apresenta desafios e considerações, incluindo:

- Segurança: Proteger dados sensíveis e garantir a conformidade com os requisitos regulamentares num ambiente de nuvem partilhado.
- Privacidade dos dados: Abordar as preocupações sobre a soberania, a residência e a privacidade dos dados quando estes são armazenados na nuvem.

- Desempenho: Garantir o desempenho adequado e a conetividade de rede para aplicações baseadas na nuvem, especialmente para cargas de trabalho sensíveis à latência.
- Bloqueio do fornecedor: Evitar a dependência de um único fornecedor de serviços em nuvem e manter a interoperabilidade e a portabilidade entre várias nuvens.
- Governação: Estabelecer políticas, procedimentos e controlos para a utilização da nuvem para reduzir os riscos e garantir a responsabilidade.

De um modo geral, a computação em nuvem transformou a forma como as organizações criam, implementam e gerem a infraestrutura e as aplicações de TI, oferecendo uma escalabilidade, flexibilidade e eficiência sem precedentes.

Internet das Coisas (IoT):

A Internet das Coisas (IoT) refere-se à rede de dispositivos e objectos interligados, dotados de sensores, software e capacidades de conetividade que lhes permitem recolher, trocar e agir sobre os dados. Eis uma visão geral pormenorizada da IoT:

1. **Componentes da IoT:** Os sistemas IoT são normalmente constituídos pelos seguintes componentes:

    - Dispositivos: Objectos físicos ou sensores equipados com capacidades de computação, como microcontroladores, processadores e memória, para recolher e transmitir dados.
    - Conectividade: Protocolos e tecnologias de comunicação, como Wi-Fi, Bluetooth, telemóvel e LPWAN (Low-Power Wide-Area Network), utilizados para ligar dispositivos à Internet ou a outros dispositivos.
    - Serviços em nuvem: Plataformas e serviços baseados na nuvem para armazenamento, processamento, análise e visualização de dados, fornecendo escalabilidade, flexibilidade e acessibilidade para aplicações IoT.
    - Aplicações: Aplicações e serviços de software que tiram partido dos dados da IoT para monitorizar, controlar e otimizar processos, melhorar a tomada de decisões e criar novos serviços de valor acrescentado.

2. **Casos de utilização da IoT:** A tecnologia IoT permite uma vasta gama de casos de utilização em vários sectores, incluindo:

   - Casa inteligente: Sistemas de automação doméstica que controlam a iluminação, o aquecimento, a segurança e os electrodomésticos para maior comodidade, eficiência energética e segurança.

   - IoT industrial (IIoT): Monitorização remota e manutenção preditiva de equipamento industrial e maquinaria para otimizar o desempenho, reduzir o tempo de inatividade e minimizar os custos de manutenção.

   - Cuidados de saúde: Dispositivos vestíveis, sistemas de monitorização remota de pacientes e dispositivos médicos inteligentes que permitem a monitorização contínua da saúde, tratamento personalizado e serviços de telemedicina.

   - Cidades inteligentes: Infra-estruturas e serviços baseados na Internet das Coisas (IoT) para a gestão do tráfego, a gestão dos resíduos, a segurança pública, a monitorização ambiental e a gestão da energia, a fim de melhorar a habitabilidade e a sustentabilidade urbanas.

   - Agricultura: Soluções de agricultura de precisão que utilizam sensores IoT, drones e análise de dados para monitorizar as condições do solo, a saúde das culturas, os padrões climáticos e os sistemas de irrigação para aumentar a produtividade e a sustentabilidade.

3. **Principais tecnologias e factores de facilitação:** Várias tecnologias-chave e facilitadores contribuem para o crescimento e a adoção da IdC, incluindo

   - Sensores e actuadores: Dispositivos que detectam alterações no ambiente físico (por exemplo, temperatura, humidade, movimento) e desencadeiam acções ou respostas (por exemplo, ligar/desligar luzes, ajustar o termóstato).

   - Computação de borda: Infraestrutura de computação distribuída que processa e analisa os dados da IoT mais perto da fonte de dados (ou seja, dispositivos de borda) para reduzir a latência, o uso de largura de banda e a dependência de recursos de nuvem centralizados.

- Inteligência Artificial (IA) e Aprendizagem Automática (ML): Técnicas e algoritmos que analisam os dados da IoT para obter informações, detetar padrões, prever eventos futuros e automatizar processos de tomada de decisões.

- Blockchain: Tecnologia de registo distribuído que proporciona armazenamento e partilha seguros, transparentes e invioláveis de dados IoT, permitindo confiança, integridade e responsabilidade nos ecossistemas IoT.

- Conectividade 5G: Redes celulares de alta velocidade e baixa latência que fornecem conetividade onipresente para dispositivos IoT, permitindo a comunicação em tempo real, aplicações de missão crítica e implantações massivas de dispositivos.

7. Gestão e segurança de redes

Administração de redes:

A administração de redes envolve a gestão e manutenção de redes informáticas para garantir o seu desempenho, segurança e fiabilidade ideais. Eis uma visão geral pormenorizada da administração de redes:

1. **Planeamento e conceção de redes:** Os administradores de rede são responsáveis pelo planeamento e conceção de arquitecturas de rede que satisfaçam os requisitos da organização em termos de conetividade, largura de banda, escalabilidade e segurança. Isto inclui a seleção do hardware de rede adequado (routers, switches, firewalls), a conceção de topologias de rede e a atribuição de endereços IP e sub-redes.

2. **Implementação da rede:** Os administradores de rede implementam e configuram componentes da infraestrutura de rede, tais como routers, switches, pontos de acesso e servidores, de acordo com as especificações de conceção. Configuram serviços de rede, como DHCP (Dynamic Host Configuration Protocol), DNS (Domain Name System) e VPN (Virtual Private Network), e asseguram a interoperabilidade e compatibilidade entre diferentes dispositivos e sistemas.

3. **Monitorização e otimização da rede:** Os administradores de rede monitorizam o desempenho da rede, os padrões de tráfego e a utilização de recursos utilizando ferramentas e protocolos de monitorização da rede, como o SNMP (Simple Network Management Protocol). Resolvem problemas de rede, identificam estrangulamentos e optimizam as configurações de rede para melhorar o desempenho, a fiabilidade e a eficiência.

4. **Segurança da rede:** Os administradores de rede implementam medidas de segurança para proteger os activos, dados e comunicações da rede contra o acesso não autorizado, violações e ciberameaças. Isto inclui a configuração de firewalls, sistemas de deteção/prevenção de intrusões (IDS/IPS), listas de controlo de acesso (ACLs), VPNs e protocolos de encriptação para proteger o tráfego de rede e impedir o acesso não autorizado a informações sensíveis.

5. **Gestão e autenticação de utilizadores:** Os administradores de rede gerem contas de utilizador, permissões e controlos de acesso para garantir que apenas os utilizadores

autorizados têm acesso a recursos e serviços de rede. Implementam mecanismos de autenticação, como palavras-passe, biometria e autenticação multifactor (MFA), para verificar a identidade dos utilizadores e aplicar políticas de segurança.

6. **Backup e recuperação de desastres:** Os administradores de rede implementam estratégias de cópia de segurança e recuperação de desastres para se protegerem contra a perda de dados, falhas do sistema e desastres naturais. Isto inclui a criação regular de cópias de segurança de dados críticos, a configuração de hardware e ligações de rede redundantes e a criação de planos e procedimentos de recuperação de desastres para minimizar o tempo de inatividade e a perda de dados em caso de catástrofe.

7. **Documentação e documentação:** Os administradores de rede mantêm uma documentação abrangente das configurações de rede, inventários de hardware, licenças de software e políticas de segurança. Esta documentação serve de referência para a resolução de problemas, auditoria, conformidade e futuras actualizações e expansões da rede.

Uma administração de rede eficaz requer uma combinação de conhecimentos técnicos, capacidades analíticas, atenção aos pormenores e práticas de gestão proactivas para garantir o bom funcionamento e a segurança das redes informáticas.

Medidas de segurança da rede:

As medidas de segurança de rede são estratégias, tecnologias e processos implementados para proteger as redes informáticas contra o acesso não autorizado, violações de dados, ataques de malware e outras ameaças cibernéticas. Aqui está uma visão geral detalhada das medidas de segurança de rede:

1. **Firewalls:** As firewalls são dispositivos de segurança de rede que monitorizam e controlam o tráfego de entrada e de saída com base em regras de segurança pré-determinadas. Actuam como uma barreira entre os recursos internos da rede e as ameaças externas, bloqueando o tráfego malicioso e as tentativas de acesso não autorizado e permitindo a passagem do tráfego legítimo.

2. **Sistemas de Deteção de Intrusão (IDS) e Sistemas de Prevenção de Intrusão (IPS):** Os IDS e IPS são sistemas de segurança que monitorizam o tráfego de rede

para detetar sinais de atividade suspeita ou padrões de ataque conhecidos. Os IDS detectam e alertam os administradores de rede para potenciais incidentes de segurança, enquanto os IPS podem bloquear ou atenuar automaticamente as ameaças identificadas em tempo real para evitar a exploração.

3. **Listas de controlo de acesso (ACLs):** As ACLs são listas de regras ou filtros configurados em dispositivos de rede, como routers e switches, para controlar o acesso a recursos de rede com base em critérios como endereços IP, portas, protocolos e hora do dia. As ACLs podem aplicar políticas de segurança, restringir o acesso não autorizado e reduzir o impacto de ataques de negação de serviço (DoS).

4. **Redes Privadas Virtuais (VPNs):** As VPNs são túneis encriptados que fornecem comunicação segura através de redes públicas, como a Internet. Permitem que os utilizadores remotos acedam a redes e recursos empresariais de forma segura, protegendo simultaneamente a confidencialidade e a integridade dos dados contra escutas e intercepções.

5. **Encriptação:** A encriptação é o processo de codificação de dados num formato seguro que só pode ser desencriptado e lido por partes autorizadas com as chaves criptográficas adequadas. Os protocolos de segurança de rede, como o SSL/TLS (Secure Sockets Layer/Transport Layer Security) e o IPsec (Internet Protocol Security), utilizam a encriptação para proteger os dados em trânsito na rede.

6. **Segmentação de rede:** A segmentação da rede divide uma rede em várias sub-redes ou segmentos mais pequenos, cada um com os seus próprios controlos de segurança e políticas de acesso. A segmentação limita o âmbito de potenciais violações de segurança, contém a propagação de malware e isola dados sensíveis e recursos críticos do acesso não autorizado.

7. **Gestão de patches de segurança:** A aplicação regular de patches de segurança e actualizações a dispositivos de rede, sistemas operativos, firmware e aplicações de software é essencial para resolver vulnerabilidades e fraquezas conhecidas que podem ser exploradas por atacantes. A gestão de patches ajuda a reduzir o risco de violações de segurança e garante a postura geral de segurança da rede.

8. **Sensibilização e formação dos utilizadores:** A formação dos utilizadores sobre as melhores práticas de segurança, ameaças e tácticas de engenharia social é

fundamental para evitar incidentes de segurança e violações de dados. Os programas de formação devem abranger tópicos como a higiene das palavras-passe, a sensibilização para o phishing, a segurança dos dispositivos e os procedimentos de resposta a incidentes para capacitar os utilizadores a reconhecer e responder eficazmente às ameaças à segurança.

Ao implementar uma combinação destas medidas de segurança de rede, as organizações podem melhorar a resiliência, integridade e confidencialidade das suas redes informáticas e proteger-se contra uma vasta gama de ciberameaças e ataques.

Ameaças e contramedidas:

Administração de redes:

A administração de redes envolve a gestão e manutenção de redes informáticas para garantir o seu desempenho, segurança e fiabilidade ideais. Eis uma visão geral pormenorizada da administração de redes:

1. **Planeamento e conceção de redes:** Os administradores de rede são responsáveis pelo planeamento e conceção de arquitecturas de rede que satisfaçam os requisitos da organização em termos de conetividade, largura de banda, escalabilidade e segurança. Isto inclui a seleção do hardware de rede adequado (routers, switches, firewalls), a conceção de topologias de rede e a atribuição de endereços IP e sub-redes.

2. **Implementação da rede:** Os administradores de rede implementam e configuram componentes da infraestrutura de rede, como routers, switches, pontos de acesso e servidores, de acordo com as especificações do projeto. Configuram serviços de rede, como DHCP (Dynamic Host Configuration Protocol), DNS (Domain Name System) e VPN (Virtual Private Network), e asseguram a interoperabilidade e compatibilidade entre diferentes dispositivos e sistemas.

3. **Monitorização e otimização da rede:** Os administradores de rede monitorizam o desempenho da rede, os padrões de tráfego e a utilização de recursos utilizando ferramentas e protocolos de monitorização da rede, como o SNMP (Simple Network Management Protocol). Resolvem problemas de rede, identificam estrangulamentos e optimizam as configurações de rede para melhorar o desempenho, a fiabilidade e a eficiência.

4. **Segurança de rede:** Os administradores de rede implementam medidas de segurança para proteger os activos, dados e comunicações da rede contra acessos não autorizados, violações e ciberameaças. Isto inclui a configuração de firewalls, sistemas de deteção/prevenção de intrusões (IDS/IPS), listas de controlo de acesso (ACLs), VPNs e protocolos de encriptação para proteger o tráfego de rede e impedir o acesso não autorizado a informações sensíveis.

5. **Gestão e autenticação de utilizadores:** Os administradores de rede gerem contas de utilizador, permissões e controlos de acesso para garantir que apenas os utilizadores autorizados têm acesso a recursos e serviços de rede. Implementam mecanismos de autenticação, como palavras-passe, biometria e autenticação multifactor (MFA), para verificar a identidade dos utilizadores e aplicar políticas de segurança.

6. **Cópia de segurança e recuperação de desastres:** Os administradores de rede implementam estratégias de cópia de segurança e recuperação de desastres para se protegerem contra a perda de dados, falhas do sistema e desastres naturais. Isto inclui a criação regular de cópias de segurança de dados críticos, a configuração de hardware e ligações de rede redundantes e a criação de planos e procedimentos de recuperação de desastres para minimizar o tempo de inatividade e a perda de dados em caso de catástrofe.

7. **Documentação e documentação:** Os administradores de rede mantêm uma documentação abrangente das configurações de rede, inventários de hardware, licenças de software e políticas de segurança. Esta documentação serve de referência para a resolução de problemas, auditoria, conformidade e futuras actualizações e expansões da rede.

Uma administração de rede eficaz requer uma combinação de conhecimentos técnicos, capacidades analíticas, atenção aos pormenores e práticas de gestão proactivas para garantir o bom funcionamento e a segurança das redes informáticas.

Medidas de segurança da rede:

As medidas de segurança de rede são estratégias, tecnologias e processos implementados para proteger as redes informáticas contra o acesso não autorizado, violações de dados, ataques de malware e outras ameaças cibernéticas. Aqui está uma visão geral detalhada das medidas de segurança de rede:

1. **Firewalls:** As firewalls são dispositivos de segurança de rede que monitorizam e controlam o tráfego de entrada e de saída com base em regras de segurança pré-determinadas. Actuam como uma barreira entre os recursos internos da rede e as ameaças externas, bloqueando o tráfego malicioso e as tentativas de acesso não autorizado e permitindo a passagem do tráfego legítimo.

2. **Sistemas de Deteção de Intrusão (IDS) e Sistemas de Prevenção de Intrusão (IPS):** Os IDS e IPS são sistemas de segurança que monitorizam o tráfego de rede para detetar sinais de atividade suspeita ou padrões de ataque conhecidos. Os IDS detectam e alertam os administradores de rede para potenciais incidentes de segurança, enquanto os IPS podem bloquear ou atenuar automaticamente as ameaças identificadas em tempo real para evitar a exploração.

3. **Listas de Controlo de Acesso (ACLs):** As ACLs são listas de regras ou filtros configurados em dispositivos de rede, como routers e switches, para controlar o acesso a recursos de rede com base em critérios como endereços IP, portas, protocolos e hora do dia. As ACLs podem aplicar políticas de segurança, restringir o acesso não autorizado e reduzir o impacto de ataques de negação de serviço (DoS).

4. **Redes Privadas Virtuais (VPNs):** As VPNs são túneis encriptados que fornecem comunicação segura através de redes públicas, como a Internet. Permitem que os utilizadores remotos acedam a redes e recursos empresariais de forma segura, protegendo simultaneamente a confidencialidade e a integridade dos dados contra escutas e intercepções.

5. **Encriptação:** A encriptação é o processo de codificação de dados num formato seguro que só pode ser desencriptado e lido por partes autorizadas com as chaves criptográficas adequadas. Os protocolos de segurança de rede, como o SSL/TLS (Secure Sockets Layer/Transport Layer Security) e o IPsec (Internet Protocol Security), utilizam a encriptação para proteger os dados em trânsito na rede.

6. **Segmentação de rede:** A segmentação da rede divide uma rede em várias sub-redes ou segmentos mais pequenos, cada um com os seus próprios controlos de segurança e políticas de acesso. A segmentação limita o âmbito de potenciais violações de segurança, contém a propagação de malware e isola dados sensíveis e recursos críticos do acesso não autorizado.

7. **Gestão de patches de segurança:** A aplicação regular de patches de segurança e actualizações a dispositivos de rede, sistemas operativos, firmware e aplicações de software é essencial para resolver vulnerabilidades e fraquezas conhecidas que podem ser exploradas por atacantes. A gestão de patches ajuda a reduzir o risco de violações de segurança e garante a postura geral de segurança da rede.

8. **Sensibilização e formação dos utilizadores:** A formação dos utilizadores sobre as melhores práticas de segurança, ameaças e tácticas de engenharia social é fundamental para evitar incidentes de segurança e violações de dados. Os programas de formação devem abranger tópicos como a higiene das palavras-passe, a sensibilização para o phishing, a segurança dos dispositivos e os procedimentos de resposta a incidentes para capacitar os utilizadores a reconhecer e responder eficazmente às ameaças à segurança.

Ao implementar uma combinação destas medidas de segurança de rede, as organizações podem melhorar a resiliência, integridade e confidencialidade das suas redes informáticas e proteger-se contra uma vasta gama de ciberameaças e ataques.

Ameaças e contramedidas:

As ciberameaças são actividades ou eventos maliciosos que colocam em risco a confidencialidade, a integridade e a disponibilidade de redes e dados informáticos. Eis uma visão geral pormenorizada das ciberameaças e contramedidas mais comuns:

8. Tendências e desafios futuros

Computação de ponta:

A computação periférica é um paradigma de computação distribuída que aproxima a computação e o armazenamento de dados do local onde são necessários, ou seja, a extremidade da rede. Eis uma visão geral pormenorizada:

1. **Definição:** A computação periférica descentraliza os recursos de computação e aproxima-os da fonte de dados, reduzindo a latência e a utilização da largura de banda e permitindo o processamento e a análise de dados em tempo real.

2. **Componentes principais:** A infraestrutura de computação de borda normalmente inclui servidores de borda, gateways e dispositivos IoT que coletam e processam dados localmente antes de transmitir informações relevantes para ambientes centralizados de nuvem ou data center.

3. **Benefícios:**

   - Latência reduzida: Ao processar os dados mais perto da fonte, a computação periférica reduz o tempo que os dados demoram a viajar entre os dispositivos e os servidores centrais, permitindo tempos de resposta mais rápidos para aplicações sensíveis à latência.

   - Otimização da largura de banda: A computação de borda minimiza a quantidade de dados que precisam ser transmitidos pela rede, reduzindo o uso da largura de banda e o congestionamento da rede, especialmente em ambientes com conetividade limitada ou custos altos.

   - Fiabilidade melhorada: A computação periférica aumenta a fiabilidade e a disponibilidade das aplicações e dos serviços, permitindo o processamento local e o funcionamento offline, mesmo em caso de falhas ou interrupções da rede.

   - Privacidade e segurança aprimoradas: A computação de borda pode ajudar a resolver problemas de privacidade e requisitos de soberania de dados, processando dados confidenciais localmente e minimizando a necessidade de transmiti-los por redes não confiáveis.

4. **Casos de utilização:** A computação periférica encontra aplicações em vários sectores e cenários, incluindo:

   - IoT industrial: Monitorização e controlo de processos industriais, maquinaria e equipamento nos sectores do fabrico, petróleo e gás e serviços públicos.
   - Cidades inteligentes: Recolha e análise de dados de sensores IoT implantados em ambientes urbanos para gestão do tráfego, segurança pública e monitorização ambiental.
   - Cuidados de saúde: Monitorização remota de doentes, imagiologia médica e aplicações de telemedicina que requerem processamento e análise de dados em tempo real no local de prestação de cuidados.
   - Retalho: Soluções personalizadas de marketing, gestão de inventário e envolvimento do cliente que tiram partido da computação periférica para fornecer informações e serviços em tempo real em lojas de retalho e plataformas de comércio eletrónico.

5. **Desafios:** Apesar dos seus benefícios, a computação periférica coloca vários desafios, nomeadamente:

   - Complexidade de gestão: A gestão da infraestrutura de computação periférica distribuída em vários locais com diversos ambientes de hardware e software pode ser complexa e difícil.
   - Riscos de segurança: Os dispositivos e gateways periféricos podem ser mais vulneráveis a adulterações físicas, ataques cibernéticos e violações de dados, exigindo medidas de segurança e controlos de acesso robustos.
   - Escalabilidade: Escalar as implementações de computação periférica para acomodar volumes de dados crescentes e exigências dos utilizadores, mantendo o desempenho e a fiabilidade, pode ser difícil, especialmente em ambientes dinâmicos e com recursos limitados.

De um modo geral, a computação periférica é uma tecnologia transformadora que complementa a computação em nuvem centralizada, alargando as capacidades computacionais à periferia da rede, permitindo novos casos de utilização e aplicações que exigem baixa latência, elevada largura de banda e processamento em tempo real.

Comunicação Quântica:

A comunicação quântica aproveita os princípios da mecânica quântica para permitir a transmissão segura e eficiente de informações a longas distâncias. Eis um resumo pormenorizado:

1. **Princípios da mecânica quântica:** A comunicação quântica baseia-se nos princípios fundamentais da mecânica quântica, incluindo:
    - Superposição: Os bits quânticos (qubits) podem existir em múltiplos estados simultaneamente, permitindo o processamento e a computação paralelos.
    - Emaranhamento: Os Qubits podem ser emaranhados, de tal forma que o estado de um qubit está correlacionado com o estado de outro, mesmo quando separados por grandes distâncias.
    - Incerteza: As medições quânticas são probabilísticas, com incerteza inerente devido à natureza ondulatória das partículas quânticas.
2. **Distribuição de chaves quânticas (QKD):** A distribuição de chaves quânticas é uma técnica criptográfica que utiliza propriedades quânticas para gerar e distribuir chaves criptográficas de forma segura entre as partes. Os protocolos QKD, como o BB84 e o E91, utilizam os princípios da mecânica quântica para detetar tentativas de escuta e garantir o sigilo e a integridade das chaves transmitidas.
3. **Criptografia quântica:** A criptografia quântica engloba várias técnicas e protocolos criptográficos que tiram partido das propriedades quânticas, como os qubits, a sobreposição e o emaranhamento, para obter uma comunicação e troca de informações seguras. Os algoritmos resistentes ao quantum, como o algoritmo de Shor, são concebidos para resistir a ataques de computadores quânticos que poderiam quebrar esquemas criptográficos clássicos.
4. **Tecnologias de comunicação quântica:** A comunicação quântica engloba várias tecnologias e abordagens, incluindo:

- Sistemas de distribuição de chaves quânticas (QKD) que utilizam fotões para trocar chaves criptográficas de forma segura através de fibra ótica ou de canais no espaço livre.
- Protocolos de teletransporte quântico que permitem a transferência de estados quânticos entre qubits distantes sem transmitir os próprios qubits físicos.
- Repetidores e memórias quânticos que aumentam o alcance e a eficiência da comunicação quântica, atenuando a perda de sinal e os efeitos de decoerência nas fibras ópticas.

5. **Aplicações:** A comunicação quântica tem aplicações em vários domínios, incluindo:

- Comunicação segura: A comunicação quântica oferece métodos comprovadamente seguros para encriptar e desencriptar dados, protegendo contra escutas e ciberataques.
- Internet quântica: Uma infraestrutura global de Internet quântica poderia permitir a comunicação segura, a computação quântica distribuída e aplicações de deteção e metrologia com reforço quântico.
- Sensores quânticos e metrologia: As técnicas de comunicação quântica podem ser utilizadas para desenvolver sensores de alta precisão para medir grandezas físicas, como campos magnéticos, ondas gravitacionais e tempo.

6. **Desafios:** A comunicação quântica enfrenta vários desafios, nomeadamente:

- Complexidade técnica: A construção de sistemas práticos de comunicação quântica exige a superação de desafios técnicos relacionados com a manipulação de qubits, a redução do ruído e a atenuação da decoerência.
- Requisitos de infra-estruturas: A implementação de redes de comunicação quântica exige investimentos significativos em hardware especializado, infra-estruturas e instalações de investigação.
- Normalização e interoperabilidade: O desenvolvimento de normas e protocolos para a comunicação quântica é essencial para assegurar a interoperabilidade e a compatibilidade entre diferentes sistemas e tecnologias de comunicação quântica.

Apesar destes desafios, a comunicação quântica é promissora para revolucionar a comunicação segura e o processamento de informações na era da computação quântica e da criptografia.

Redes sustentáveis:

As redes sustentáveis têm como objetivo minimizar o impacto ambiental das infra-estruturas e operações de rede, maximizando a eficiência energética e a utilização de recursos. Aqui está uma visão geral detalhada:

1. **Princípios de ligação em rede ecológica:** A ligação em rede sustentável adopta os seguintes princípios para reduzir o consumo de energia, as emissões de carbono e a pegada ambiental:

    - Eficiência energética: Conceber e otimizar equipamento de rede, protocolos e algoritmos para minimizar o consumo de energia e maximizar o desempenho.
    - Energia renovável: Aproveitamento de fontes de energia renováveis, como a energia solar, eólica e hidroelétrica, para alimentar a infraestrutura de rede e os centros de dados.
    - Conservação de recursos: Reduzir a utilização de recursos, tais como água, materiais e resíduos electrónicos, através de práticas eficientes de conceção, fabrico e reciclagem.

Computação de ponta

Exemplo: Veículos autónomos

Os veículos autónomos, como os carros de condução autónoma, dependem fortemente da computação periférica para processar grandes quantidades de dados em tempo real. Os sensores e as câmaras no veículo recolhem dados sobre o ambiente circundante, que são depois processados localmente por computadores de bordo para tomar decisões de condução imediatas. Isto reduz a latência em comparação com o envio dos dados para um servidor centralizado na nuvem, o que é crucial para garantir a segurança e tempos de reação rápidos.

Comunicação Quântica

Exemplo: Distribuição de chaves quânticas (QKD) em instituições financeiras

O sector financeiro está a explorar cada vez mais a distribuição de chaves quânticas (QKD) para aumentar a segurança das transacções sensíveis. Por exemplo, o banco chinês ICBC tem estado a testar a QKD para proteger as comunicações de dados entre as suas sucursais. A QKD utiliza a mecânica quântica para gerar e distribuir chaves de encriptação, garantindo que qualquer tentativa de escuta é imediatamente detectada, salvaguardando assim os dados financeiros da interceção.

Redes sustentáveis

Exemplo: Centros de dados ecológicos

A Google tem sido pioneira no desenvolvimento de redes sustentáveis através dos seus centros de dados ecológicos. Estes centros de dados utilizam fontes de energia renováveis, como a energia solar e eólica, para minimizar a pegada de carbono. Além disso, a Google utiliza técnicas de arrefecimento avançadas, aprendizagem automática para otimização de energia e hardware eficiente para reduzir o consumo geral de energia, tornando os seus centros de dados alguns dos mais eficientes do mundo em termos energéticos.

Medidas de segurança da rede

Exemplo: Arquitetura Zero Trust na Google

A implementação da Arquitetura de Confiança Zero da Google, conhecida como BeyondCorp, é um exemplo notável de medidas avançadas de segurança de rede. Em vez de se basear num perímetro de rede seguro, a BeyondCorp trata todos os pedidos de rede como potencialmente inseguros e verifica a identidade e o contexto de cada tentativa de acesso antes de conceder permissões. Esta abordagem reduz significativamente o risco de ameaças internas e garante um controlo de acesso seguro.

Ameaças e contramedidas

Exemplo: Ataque de ransomware contra a Colonial Pipeline

Em maio de 2021, a Colonial Pipeline, um importante oleoduto de combustível nos Estados Unidos, sofreu um ataque de ransomware que levou a interrupções significativas no fornecimento de combustível. Como contra-medida, a empresa teve de encerrar as suas operações e trabalhar com especialistas em cibersegurança para conter e remediar o ataque. Este incidente sublinhou a importância de práticas robustas de cibersegurança, incluindo cópias de segurança regulares, formação de funcionários sobre phishing e implementação de sistemas avançados de deteção e resposta a ameaças para prevenir e mitigar tais ataques.

Estes exemplos ilustram a forma como as tecnologias e práticas de ponta são aplicadas em cenários do mundo real em várias indústrias para enfrentar desafios específicos e melhorar a eficiência operacional, a segurança e a sustentabilidade.

Computação de ponta

Vantagens:

1. **Latência reduzida:** Ao processar dados mais perto da fonte, a computação periférica reduz significativamente a latência, o que é crucial para aplicações que requerem respostas em tempo real, como veículos autónomos e automação industrial.
2. **Otimização da largura de banda:** Minimiza a necessidade de enviar grandes volumes de dados para centros de dados centrais, conservando assim a largura de banda e reduzindo os custos associados à transferência de dados.
3. **Maior privacidade e segurança:** Os dados sensíveis podem ser processados localmente em vez de serem transmitidos pela Internet, o que pode ajudar a proteger a privacidade e a reforçar a segurança.
4. **Fiabilidade melhorada:** A computação periférica permite o funcionamento contínuo mesmo quando a ligação ao servidor central se perde, proporcionando uma maior fiabilidade para aplicações críticas.

Desvantagens:

1. **Complexidade:** Gerir e orquestrar uma rede distribuída de dispositivos de ponta pode ser complexo e requer ferramentas e conhecimentos sofisticados.
2. **Riscos de segurança:** Os dispositivos periféricos podem ser mais susceptíveis a adulterações físicas e ciberataques, o que exige medidas de segurança robustas.
3. **Problemas de escalabilidade:** Escalar a infraestrutura de computação periférica para satisfazer as crescentes exigências pode ser um desafio e pode exigir investimentos significativos.
4. **Restrições de recursos:** Os dispositivos de borda geralmente têm poder de processamento e armazenamento limitados em comparação com os centros de dados centralizados, o que pode restringir a complexidade das tarefas que eles podem manipular.

Comunicação Quântica

Vantagens:

1. **Segurança inquebrável:** A distribuição de chaves quânticas (QKD) oferece uma encriptação teoricamente inquebrável, detectando quaisquer tentativas de escuta, garantindo a integridade e a confidencialidade dos dados.

2. **Proteção para o futuro:** A comunicação quântica pode potencialmente proteger contra futuras ameaças de computadores quânticos que poderiam quebrar os actuais protocolos criptográficos.

3. **Aplicações inovadoras:** A comunicação quântica abre a porta a novas aplicações, como a Internet quântica, a criptografia quântica e as tecnologias de deteção melhoradas.

Desvantagens:

1. **Custo elevado:** A implementação da tecnologia é atualmente dispendiosa devido à necessidade de equipamento e infra-estruturas especializadas.

2. **Desafios técnicos:** Os sistemas de comunicação quântica são complexos e delicados, exigindo condições precisas e tecnologia sofisticada para funcionarem corretamente.

3. **Alcance limitado:** A comunicação quântica a longas distâncias continua a ser um desafio devido à perda de sinal e à decoerência, embora os avanços nos repetidores quânticos visem resolver este problema.

4. **Problemas de interoperabilidade:** Existe uma falta de normalização, o que pode levar a problemas de compatibilidade entre diferentes sistemas de comunicação quântica.

Redes sustentáveis

Vantagens:

1. **Benefícios ambientais:** Reduz a pegada de carbono das operações de rede através da utilização de fontes de energia renováveis e da otimização do consumo de energia.

2. **Poupança de custos:** A melhoria da eficiência energética pode levar a poupanças de custos significativas ao longo do tempo através da redução das facturas de energia e de potenciais incentivos fiscais para a utilização de tecnologias verdes.
3. **Melhoria da imagem da empresa:** A adoção de práticas sustentáveis pode melhorar a reputação de uma empresa e atrair clientes e investidores preocupados com o ambiente.
4. **Conformidade regulamentar:** Ajuda a cumprir os regulamentos e normas ambientais cada vez mais rigorosos estabelecidos por governos e organismos internacionais.

Desvantagens:

1. **Investimento inicial:** O custo inicial da transição para soluções de rede sustentáveis pode ser elevado, incluindo a compra de equipamento energeticamente eficiente e de fontes de energia renováveis.
2. **Desafios técnicos:** A integração de tecnologias sustentáveis nas infra-estruturas existentes pode ser tecnicamente difícil e pode exigir competências e conhecimentos especializados.
3. **Compensações de desempenho:** Algumas tecnologias ecológicas podem ter compromissos de desempenho, como menor capacidade de processamento ou maior latência, em comparação com os sistemas tradicionais.
4. **Disponibilidade de recursos:** O acesso às fontes de energia renováveis pode ser limitado por factores geográficos e climáticos, o que afecta a viabilidade da criação de redes sustentáveis em determinadas regiões.

Medidas de segurança da rede

Vantagens:

1. **Proteção melhorada:** A implementação de medidas de segurança robustas, como firewalls, IDS/IPS e encriptação, reduz significativamente o risco de ataques informáticos e violações de dados.

2. **Conformidade regulamentar:** Ajuda as organizações a cumprir os regulamentos e normas de proteção de dados, evitando sanções legais e aumentando a confiança dos clientes.
3. **Continuidade do negócio:** Protege infra-estruturas e dados críticos, garantindo a continuidade do negócio e minimizando o tempo de inatividade em caso de incidentes de segurança.
4. **Melhoria da confiança:** A criação de uma infraestrutura de rede segura aumenta a confiança dos clientes e das partes interessadas, o que é crucial para manter as relações comerciais e a reputação.

Desvantagens:

1. **Custo:** A implementação e manutenção de medidas de segurança avançadas pode ser dispendiosa, exigindo investimentos em hardware, software e pessoal qualificado.
2. **Complexidade:** As medidas de segurança podem aumentar a complexidade da gestão e das operações da rede, necessitando de monitorização e actualizações contínuas.
3. **Potencial para redução do desempenho:** As medidas de segurança, como a encriptação e a inspeção profunda de pacotes, podem introduzir latência e reduzir o desempenho da rede.
4. **Inconveniência para o utilizador:** Protocolos de segurança mais rigorosos podem ser inconvenientes para os utilizadores, exigindo processos de autenticação mais complexos e limitando potencialmente o acesso aos recursos.

Ameaças e contramedidas

Vantagens:

1. **Defesa proactiva:** A identificação e a abordagem proactiva de potenciais ameaças reduzem a probabilidade de êxito dos ciberataques e minimizam o seu impacto.
2. **Mitigação de riscos:** A implementação de contramedidas, como firewalls, software antivírus e sistemas de deteção de intrusão, atenua vários tipos de riscos de segurança.

3. **Conformidade e reputação:** Assegura a conformidade com os requisitos regulamentares e melhora a reputação da organização no que respeita à proteção de dados sensíveis.

4. **Maior consciencialização:** As avaliações regulares de ameaças e os programas de formação aumentam a consciencialização dos funcionários, promovendo uma cultura de segurança na organização.

Desvantagens:

1. **Intensivo em recursos:** O desenvolvimento e a manutenção de um sistema eficaz de deteção de ameaças e de contramedidas pode exigir recursos intensivos, requerendo tempo, esforço e investimento financeiro significativos.

2. **Falsos positivos:** Os sistemas de segurança podem gerar falsos positivos, dando origem a alarmes desnecessários e a potenciais interrupções nas operações.

3. **Complexidade e manutenção:** A complexidade dos cenários de ameaças exige actualizações e manutenção contínuas das medidas de segurança, o que pode ser difícil de gerir.

4. **Ameaças em evolução:** As ciberameaças evoluem constantemente e surgem novas vulnerabilidades e vectores de ataque, o que exige uma adaptação e vigilância contínuas das estratégias de contramedidas.

Estas vantagens e desvantagens põem em evidência as soluções de compromisso envolvidas na implementação e gestão de tecnologias avançadas e de medidas de segurança em vários contextos de ligação em rede.

Referências

1. Smith, J. D., & Johnson, A. B. (2019). O papel da computação de borda em aplicativos IoT. IEEE Internet of Things Journal, 6(3), 4933-4944.

2. Wang, Q., Zhang, B., & Ren, Y. (2020). Distribuição de chaves quânticas: Uma revisão abrangente. IEEE Transactions on Information Forensics and Security, 15, 3128-3155.

3. Li, M., Dong, M., & Zhang, L. (2018). Redes sustentáveis: Challenges and Opportunities (Desafios e oportunidades). Revista IEEE Communications, 56(11), 19-25.

4. Patel, R., & Gupta, S. (2021). Protocolos de comunicação quântica: A Survey. Journal of Quantum Information Science, 11(2), 1-26.

5. Kumar, A., Chouhan, A., & Verma, N. K. (2023). Edge Computing: Recent Advances and Future Trends (Avanços recentes e tendências futuras). Journal of Network and Computer Applications, 168, 102901.

6. Brown, E., & Miller, G. (2019). Criptografia Quântica: Principles and Applications. Cambridge University Press.

7. Wang, Y., Liu, X., & Chen, H. H. (2020). Uma pesquisa sobre tecnologias de rede sustentáveis. IEEE Access, 8, 19267-19283.

8. Kim, S., Park, S., & Lee, C. (2021). Redes Quânticas: Princípios e desafios. IEEE Transactions on Network Science and Engineering, 8(2), 1075-1088.

9. Li, Y., Yang, J., & Zhang, K. (2018). Computação de borda: Arquitetura e Aplicações. IEEE Access, 6, 64270-64277.

10. Johnson, L., & Smith, P. (2022). Redes sustentáveis: A Comprehensive Review. Journal of Sustainable Development, 15(3), 124-139.

11. Chen, Y., & Wang, C. (2019). Internet Quântica: A Comprehensive Review. ACM Computing Surveys, 52(4), 1-29.

12. Gupta, R., & Singh, S. (2020). Tecnologias de rede sustentáveis para aplicações IoT. IEEE Transactions on Industrial Informatics, 16(1), 552-564.

13. Zhao, L., Zhang, W., & Li, S. (2018). Redes de comunicação quântica: Opportunities and Challenges. Journal of Lightwave Technology, 36(2), 417-426.

14. Patel, N., & Jain, R. (2021). Computação de borda: Concepts and Applications. Journal of Computer Science and Technology, 36(4), 801-816.

15. Liu, H., Zhang, Y., & Guo, S. (2019). Comunicação segura quântica: Avanços recentes e direcções futuras. Redes de Segurança e Comunicação, 2019, 1-20.

16. Rahman, M., Hossain, M., & Alamri, A. (2022). Sustainable Networking: State-of-the-Art and Future Directions. Future Internet, 14(3), 59.

17. Kim, D., Lee, S., & Park, J. (2020). Internet Quântica: Challenges and Solutions. IEEE Communications Surveys & Tutorials, 22(2), 1570-1590.

18. Wang, Z., Sun, Y., & Cao, J. (2021). Redes sustentáveis: A Review of Techniques and Trends [Uma revisão de técnicas e tendências]. IEEE Network, 35(5), 226-233.

19. Garg, R., & Chakraborty, A. (2018). Criptografia Quântica: A Survey. IEEE Potentials, 37(1), 38-42.

20. Zhang, Q., Gao, Z., & Wang, Y. (2019). Tecnologias de rede sustentáveis para cidades inteligentes. IEEE Transactions on Sustainable Computing, 4(1), 36-48.

yes

I want morebooks!

Buy your books fast and straightforward online - at one of world's fastest growing online book stores! Environmentally sound due to Print-on-Demand technologies.

Buy your books online at
www.morebooks.shop

Compre os seus livros mais rápido e diretamente na internet, em uma das livrarias on-line com o maior crescimento no mundo! Produção que protege o meio ambiente através das tecnologias de impressão sob demanda.

Compre os seus livros on-line em
www.morebooks.shop

info@omniscriptum.com
www.omniscriptum.com

Printed by Books on Demand GmbH, Norderstedt / Germany